SOLEDAD NO TIENE GATO

ZARAGOZA, 2024
RARA AVIS

ESTELA PUYUELO

SOLEDAD NO TIENE GATO

© Estela Puyuelo
© de esta edición: Los libros del gato negro
© del preámbulo: Irene Abad Buil
© de la fotografía de cubierta: Esther Gómez
© de la fotografía de la autora: Estela Puyuelo

info@loslibrosdelgatonegro.com
www.loslibrosdelgatonegro.com

Impresión: INO Reproducciones, S.A.
Zaragoza, febrero de 2024

ISBN: 978-84-127221-2-3
DEPÓSITO LEGAL: Z 346-2024
(Impreso en España)

PREÁMBULO

IRENE ABAD BUIL

Soledad no tiene gato, pero tiene plenitud porque el sol la ilumina cada vez más fuerte con la edad, sol-edad. Soledad no tiene gato que se arrulle en su falda, que ronronee entre sus piernas o que le bufe cuando le pisa la cola. Soledad se tiene a ella.

Y se reconoce en cada sonido, en cada costumbre, en cada emoción. Soledad, desde su más rutinaria cotidianeidad, ha sabido crecer, entenderse, quererse, protegerse y proyectarse.

Este nuevo poemario de Estela Puyuelo representa una reivindicación del derecho a la libertad, a sentir y a decidir. Históricamente, la mujer ha quedado sometida a muchos corsés que la han abocado a la más absoluta soledad, como «luna sola en un mundo de lobos». Desabrocharse esas «cadenas que estrangulan como escarcha la flor de los almendros» ha sido cuestión de tiempo, de mucho tiempo, de mucha lucha, de mucho estudio, de mucha superación de carencias y de recuperación de derechos robados, de mucha sororidad, de mucha valentía. Y aunque, a día de hoy, todavía hay cordones que quieran apretarnos la cintura, podemos gritar con orgullo que somos mujeres, que queremos decidir si ser madres o no, que queremos disfrutar de nuestras compañías y de nuestras soledades, y que estamos dispuestas a atravesar cualquier desierto infinito.

A Estela y a mí nos une el tiempo. Nos conocimos cuando la sed por el aprendizaje nos condujo a ambas a estudiar Humanidades en la Facultad de Huesca (Universidad de Zaragoza) y, desde entonces, muchos son los puntos que nos vinculan, que nos encuentran y que perpetúan una amistad que procede desde la juventud.

A Estela y a mí nos une la admiración recíproca. Yo la leo siempre con detalle porque sus poemas me hablan de emociones reconocidas, de memorias imprescindibles para entender nuestra identidad, de historias que humanizan los acontecimientos del pasado.

A Estela y a mí ahora nos une algo más: *Soledad*. Con esta nueva construcción poética, Estela me ofrece otra lectura necesaria: la feminista. Porque si de algo nos habla este poemario es de que Soledad ni tiene ni quiere gato. Aunque lo más importante es que lo ha decidido ella, capacidad esta última a la que tanto temen empoderamientos y violencias que se asocian para erradicarla. Pero Soledad es fuerte. Soledad ama la libertad. Soledad es mujer.

A M.ª Soledad Catalán (Marisol) y a sus gatos
Chapinete, Piu, Morocho y Durruti

Eva

Sumergida en un pijama de invierno,
abrazada por una bata de felpa,
desenroscada de la goma del pelo
me observo en casa,
solo mía,
tras unas gafas de ver de lejos,
sobre calcetines gruesos
de no sé qué algodón.

Yacen vanas sobre la cama,
como amantes tóxicos,
las prendas que aprisionan
mi vida exterior
y, arropada en mi desnudez,
paseo como Eva
en el paraíso de andar por casa.

Tú misma

Si te expulsan del paraíso
no creas que perdiste mucho.
Ya no hay razón
para fingirte ángel
y ninguna
para adorar a Dios.
Has ganado
la dicha de ser
tú misma.
No hay normas.
Todo está por crear.
Hasta tú misma.

Las dos caras de una misma moneda

Naciste mujer en un mundo binario.
Te tocó en suerte la cara bonita de la
moneda,
la que siempre se oculta.
Y, aun así,
¡qué elevado valor te sostiene!

Luna sola en un mundo de lobos,
cascabel enjaulado, enrejado canto,
música presa
en auriculares domésticos.

Te quedarás tan quieta
que olvidarás tu infancia,
tus manos rayadas de sueños,
tus pies, embarrados, nómadas, sin
dueño,
el pelo hecho un pájaro
que despeina al viento,
tus ojos, recipientes de asombro llenos.

Te atraparon a tiempo
las cadenas que estrangulan
como escarcha
la flor de los almendros.

Las tijeras que cortan, blancas,
el anhelado ajuar
y, negras,
la tela de todos los lutos que guardas.

Eres un proyecto de otros,
un aprendido sí,
un vientre,
unos pechos,
un medio y un fin.

Podrás
clamar, limar,
andar, soñar...
¿pero cómo demostrar
que una moneda vale igual
sin importar cómo caiga?

Ciclo de limpieza

Tengo veintisiete minutos para escribir
    este poema.
Mientras, la lavadora voltea la ropa sucia
y devuelve su frescura y perfume
a mi segunda piel.
El ruido del centrifugado
pretende salpicarme los versos
pero yo, atenta a la página impoluta,
mancho de tinta
el mundo giratorio que me desliza.

Tengo dieciséis minutos para acabar
    este poema.
El electrodoméstico se pone en modo
    salvaje;
el manantial danza primero libre
    y silencioso
entre cantos rodados de algodón y licra
para aumentar progresivamente su
    velocidad
y convertirse, de volteretas, en un ciclón
hasta que el vértigo dibuja el vacío
en su garganta metálica,
que grita hasta casi desencajarse.

Entonces la fiera entra en éxtasis
y una hebilla o un botón invisibles
golpean con furia su ojo de pez
y temo que se le pinche
e imagino que a la siguiente sacudida
la máquina romperá aguas
y expulsará las ropas jabonosas
     al parquet
y las pienso derramadas, quietas al fin,
como una *performance* de ecologistas
que denuncia el uso de detergentes,
como las esperanzas del tercer mundo
ahogadas en una playa europea,
como envoltorios
que solo abrazan la nada.

Después, se para en seco.
La portezuela corre una cortina
     de espumosa niebla
que ilumina y ciega su oscuro tambor.
Parece que nada ha pasado ahí dentro.
Creo que se ha atascado
en los cinco últimos minutos.
Quizás la sobrecargué
y tenga que recurrir al vaciado manual
para tender la chorreante borrasca de tela
hasta el próximo anticiclón.

Sí, se ha atascado cuando quedaban
cinco minutos para acabar su función.
Ya no entiende de tiempo.
La eternidad mece los versos
mientras me levanto a poner en hora
el reloj del ciclo de limpieza
como una diosa que mueve
la máquina del mundo
y lo hace girar a su antojo,
como una demiurga
que decide,
aquí y ahora,
terminar este poema
y darle vida
al mismo instante.

El corazón delator

Late el corazón eléctrico
de la nevera.
Late a menudo,
pero yo solo lo escucho
a veces,
que bombea muy alto
(o se hace presente)
cuando el mío se me agazapa
en las rejillas del pecho y
en otro tiempo.
Habla, en su ronroneo,
del invierno,
de la frialdad de los cuerpos inertes,
de la humedad de los ataúdes
que pasean
bajo los paraguas.

A menudo murmura,
como para sus adentros,
o enmudece casi del todo,
reflexivo,
que tensa un hilo de voz,
y toma la palabra el otro,
el de la caldera,

de salmo monótono y discurso largo.
Pero no le presta atención,
no le tiene paciencia
y le pisotea el turno
y se arranca de nuevo, tibio,
en su lenguaje de grillo
y fluidos en digestión.
Habla de la vida y de la muerte,
a gorgoritos,
y, con su canto gregoriano,
con su oooooom vibrante,
estrambótico y solemne,
hechicero de tribu, alienígena en la Tierra,
entona la letanía, el mantra o el rosario
y, alcanzado el trance profundo,
amenaza y advierte,
amenaza y advierte.

Construir el nido

Todos los días,
el pronóstico del tiempo anuncia
lluvias de niños.
Trescientas mil mujeres
se enfrentan a la vida sin paraguas.
Todos los días.

Yo no quería mojarme,
ahogar mi vientre
para saciar la sed de esqueletos infantiles,
escuchar de nuevo el primer llanto
de mi cuerpo, geminado,
vaciar mis pechos
en bocas que pían hambrientas,
ponerle guardia a una madriguera
o ser la loba que amenaza con sus dientes
en los cruces de caminos,
vestir de rosa los días de paseo
y de azul las noches de insomnio,
presumir de esculturas de carne y hueso.

No.
No quería.

Únicamente quise ser
una mujer libre,
cubrirme de tinta,
siempre niña.

Mañana
llegará la estación seca,
cesarán las lluvias en el calendario,
en mi regazo morirá la primavera,
y ese paraguas,
el único bastón donde se apoyan
los cuerpos impermeables,
será sombrilla útil solo en el desierto.

Por si acaso,
sin mirar al cielo,
recojo las últimas ramas
que el viento ofrece a las madres
para construir los nidos.

Matronas

Nunca seré madre.
En mis entrañas se rompe
el postrero eslabón
de una cadena de niñas
que alumbran la vida
desde que éramos noche.
Yo elevo mi herencia
al aire.
Mi parto es de estrellas.

Generaciones enteras se disuelven
en mi sangre estanca.
Toda una estirpe acaba
en mi cuerpo,
en un vientre que no crece.

Escuchadme,
diosas fértiles,
esposas del sol,
matronas de todos los siglos:
No morís en mí.

Las mujeres sabemos,
desde el mismo útero
que crea,
crecerle otras flores
a la primavera.
Incluso, a veces,
los ojos
se reconocen en un poema.

Fascias

Envuelta en fascias infinitas.
No hallo el extremo
por donde empezar a tirar
para desenrollarme
de mí misma.
Mucho me temo que,
de encontrarlo,
mi cuerpo se convierta
en una inmensa madeja sin cuenda
que solo se atrevan a devanar
los alpinistas.

·

La puerta de cristal

La puerta de cristal transparente
te está engañando.
Te golpea en la frente
con la palmada ingenua
que detiene a los tontos
y los pone en su sitio.

Tienes la paciencia
dentro
de una jaula de cotorras,
la llave echada,
la lengua en un nudo.

Un nuevo jardín
se abre cada día
en tus sentidos
y te brotan las maravillas.

Sabes que puede dolerte
un poco más,
aunque te duela.
Tranquila,
no pasa nada.

Un desierto a medida

Y,
cuando parecía feliz,
los hados tocaron a mi puerta
y a la voz de «¡sorpresa!»
me trajeron otra vez
un desierto a medida
dispuesto para ser atravesado:
«Puedes huir de él
pero volverá a ti
tarde o temprano».
¡Tantas veces lo esquivé…!

La ropa, los zapatos,
las fotos, los objetos,
la cartera, los papeles,
las llaves…
Lo dejé todo.
Y el miedo.
Y me fui, despacio,
como se camina
por primera vez,
para conocerlos al fin.
Al desierto
¡y a mí!

Las otras

Si soy esta que ves
es por las otras,
por las que no quise ser
y por las que quería ser
y no pude.

Tal vez, mañana,
esta que soy
solo sea
una de las otras.

Las sonrisas azules de la tarde

Entre las sonrisas azules
de la tarde,
la mujer del sur
se maquilla sin filtros
en directo
y se rellena las cejas
con lápiz de ojos,
que no ve bien,
y se sale, torpe,
del arco natural
y pide perdón
metida en los tirantes
de un verano manso
que aquí,
ya nieve y viento,
hace tiempo
dio la estampida.

Tirito
entre tanta sombra
y tanta mentira.
Actualizo rápido
para verte.

Tu poema sonámbulo,
inmóvil en los brazos,
y la verdad desnuda
que sonroja al colorete.

Alabastro

Contemplo tu gesto severo
y, cuando me hablas,
tu voz me golpea el pecho
como queriendo esculpir en mí
la culpa de otros.
Entonces observo tus ojos
para saber por qué nunca me sonríes,
para que te encuentres conmigo,
indefensas las dos,
ante el dolor del mundo.
Pero están velados,
como ventanas preñadas de alabastro.
Solo tus tobillos
rompen a llorar cuando los miro
y me piden disculpas,
incapaces de sostener
un cuerpo endurecido.

Pañuelo ropero

Se ha vuelto a ir.
Sin avisar.
Se la han llevado.
Otra vez.
Después de tanto tiempo.

La imagino entre prisas,
metiendo en un pañuelo ropero
su embrollo de pensamientos
como caigan, a bulto,
así, sin clasificar, sin seleccionar,
atropellando su indecisión natural.

Yo no sé por qué les hace caso
ni cómo se las arregla
para transportarlos
en un solo viaje,
pero estoy segura
de que los ha cargado.
A todos.
Nadie sabe cuándo regresará
ni si vendrá la misma u otra.
Si los traerá de vuelta.

Aquí ya solo quedamos los cuerdos,
con el dedo índice desplegado,
apuntando al lugar
donde cada uno la vimos
por última vez.
Al mismo lugar
por donde desaparecen aquellos
que un día fueron nuestra casa.

Tus dos infancias

He vivido tus dos infancias.

En la primera, nos atamos
el pelo en dos coletas
y nos hicimos salvajes.
Nos enseñó a nadar la poza del río,
a trepar el monte,
a jugar los ancestros y el ingenio,
a contar historias la noche
y a encontrar respuestas
el juego del escondite.

En la segunda, nos desatamos el pelo.
Y alguien quiso vivir en ti
como flor que cambia de jardín.

Y te miro y siento
que somos amazonas
que siguen rasgando la siesta
con un naipe atravesado
en los radios de la bici
porque nos negamos a dormir.
Que niñas fuimos
y niñas somos
y niñas nos desvelaremos por querernos.

Soledad

Soledad se mira al espejo
y se atusa el cabello
nada más despertarse.
Tiene los dedos finos,
casi pequeños,
y contempla sus manos,
aún bellas,
como queriendo
medir su amplitud.

Soledad no tiene gato
ni jardín, ni fuego
donde arrimarse.
No tiene amante.
Y, cuando la veo,
busco en sus ojos
con disimulo
para saber
por qué le brillan,
para qué se arregla,
cómo sobrevive así,
tan sola.

Y, después,
me fijo en sus manos,
unas manos de esas
que acarician sin tocarte,
capaces de sacarte de
cualquier agujero,
y observo cómo se aleja
cargada de gente.

No te esfuerces más, mujer

No te esfuerces más, mujer.
Déjalo ya.
Está todo el sol
brillándote en los ojos,
que quiere que bailes
y tú tan esquiva.
Deja esas cosas,
no trabajes tanto,
que luego te quitas
y tan poco te queda,
que, solamente tuyo,
es siempre nuestro.

Déjalo ya, mujer.
Si diste luz a las estrellas
y acunaste planetas en tu vientre.
¿No te acuerdas?
Si todo florece en tu pecho,
que parece un dios
que funda la vida
y hace fértil la tierra.

Ya está,
déjalo, mujer.
Si es tan justo que te cuiden.
No hagas más.
El universo tiene que girar
para devolverte
cada beso que nos diste.
Y yo
te doy todos mis versos
por enseñarme a amar,
pero, sobre todas las cosas,
te los doy,
mamá,
por enseñarme a amarme.

Forma de flor

Te traicionará la juventud
como un gato que mira
con indiferencia
cómo te alejas de las rosas.

Pero no importa.
La belleza
no siempre tiene
forma de flor.

Medusa

No lo mires.
Por una mirada
te convertirás en piedra.
En piedra.

Presa, carbono en el diamante.
Fósil de ti.

Inmóvil. Ajena. Suya.
Afónica. ¡Calla!
Piedra.
Por una mirada.
Por una mirada,
muerta.

La luz te llama

La luz te llama en la tierra.
Si eres planta herbácea,
calom, jáquima, maravilla, *tlapololote*,
maíz de teja, acahual, flor de escudo,
girasoles ocres tus ojos.

La luz te llama en el mar.
Si eres criatura abisal,
pejesapo espinoso, yelmo de nariz
        cuadrada,
cerato *abisela* blanco, diablo negro, gran
        engullidor,
pez linterna jade tu boca.

La luz te llama en el cielo.
Si eres insecto,
bicho de luz, curucusí, *isondúe*,
cucuyo, gusano de luz,
luciérnaga ambarina tu lengua.

En el cielo, en el mar, en la tierra,
la luz,
tus ojos, tu boca, tu lengua.

La rebelión de las flores

¡Qué quietas están las flores!
Las flores están tan quietas
que el mismo hoyo en que nacen
las vuelve a hundir en la tierra.

Si supieran que son libres,
si tan solo lo supieran,
estirarían el tallo
hasta que sus pies salieran,

los pétalos moverían
hasta que volar pudieran
y se irían a buscar
un trago de lluvia fresca

o morderían el sol
con el hambre de las fieras.
¡Pero están tan quietas!,
¡tan quietas!

Por eso, cuando las veo,
yo me tumbo junto a ellas
y les digo entre susurros:
«¡Volad, que el invierno acecha!».

Ayer, desde mi ventana,
entre las nubes de menta,
vi una bandada de rosas
creyéndose primavera.

Saben las golondrinas su destino

Hay un instinto que sopla
y el viento se arremolina
y gime.

Vuelan las cosas arriba
de un salto, ligeras,
suben.
No hay razón que sujete
al impulso ni voz.

Saben las golondrinas
su destino.
¿Quién puede pararlas?

El miedo, agua del mundo

El miedo, agua del mundo,
es siempre el mismo.
Solo cambia de estado
con los años.

Primero inunda el mar,
lejano,
y temes no saber nadar,
si llegaras,
que un remolino te lleve
adentro, verte ahogada,
flotar azul entre las algas.
Inútil, hundirte.

Después, precipita en la tierra,
tan cerca moja
que construyes barcas
para flotar a los tuyos,
aunque no llueva,
aunque no sepas,
aunque no quepas.

Lo último que cala, arriba,
son las nubes.

Carpe diem

Coge los frutos,
exhorta el *carpe diem*
sediento
en la gran ironía horaciana.

Coge los frutos,
ahora, y desparrama el tiempo
en un prado de margaritas.
Desnuda ya la juventud,
túmbala contigo
y deshójale los pétalos.
Tuyas son todas las fuentes
de la Tierra.
Mañana será tarde.

Coge los frutos
hoy,
que aún no es invierno.
Llama a los hijos de la noche
y escucha a la luz del sol
gritándole al mediodía
que vayas.

Mañana será tarde.
Y el baile,
polvo de vasos rotos
y cartones de bingo
desojados.
El olor a derrumbe
en cada escombro.
Tu chaqueta de resaca,
bandera de piedad
sobre la fila de sillas plegadas
que se hincan en los charcos secos,
copa de otros,
marchita.

Ve
y coge los frutos,
ahora,
exhorta el *carpe diem*,
en un aeropuerto de Kabul
que vomita gente.

Visibilidad

Bella,

tú que tienes el don de ser tú,
de elegirte de entre el todo,
de hacerte visible
en la niebla humana,

tú que por encima del nombre
que te nombra
tienes una voz en el mundo única,
no cosas a tu pecho nunca
el hilo de palabras
que sabe hilvanar tu boca.

Borda tu aliento de libertad,
lanza tu mente al mundo,
déjanos algo
que podamos escuchar
cuando creamos que somos
solo
humo, vapor, vaho, bruma y neblina.

La mujer es un ser desnudo

La mujer es un ser desnudo
que debe vestirse fuera.

Me matan las mujeres quietas,
que no crecen en los libros,
en alas que sobrevuelen
el mercado diario.

Me matan las mujeres sin peldaños,
que miran hacia arriba
la misma escalera
que limpian desde abajo.

Me matan, en su son de luna
de fragua oscura de flores,
los suspiros que pinchan
de agujas sus gargantas chicas.

Y me matan, porque están vivas,
las mujeres que pasean muertas
y cosen la dignidad de su vientre
a sus sudarios negros.

La mujer es un ser vestido
que debe desnudarse dentro.

Amor líquido

¿No te pasa, a veces,
que te asalta una tontería,
que bajas la guardia
y pasa los filtros
y ahí está,
lozana,
disparada,
y la intentas «eliminar
para todos»
pero ya solo puedes
para ti?
El corazón rojo palpita *ad infinitum*
en su pantalla.

Aquellos cazadores

Ser varón y buscar asilo,
un vientre impoluto
donde seguir alimentándose
y calibrar, mientras tanto,
si hay forma de escapar,
por el río de esperma,
de la inutilidad heredada
de aquellos cazadores
cuya única posibilidad
de supervivencia
era idear trampas
para capturar esclavas.

Narciso

Narciso es amarillo, luminoso,
llamativo.
No oculta sus encantos,
los exhibe con aire primaveral.

Narciso se mira el ombligo,
inmenso, en espata,
y se siente orgulloso.
El ombligo del mundo
en su cuerpo de flor.

Narciso alarga sus seis sépalos petaloides,
en gesto tan generoso
que pierde el norte por abarcarlo todo,
abre y estira, estira y abre
hasta que, sin quererlo,
logra abrazarse a sí mismo.

Narciso, cuando habla,
solo escucha el eco de su voz,
cuando mira,
solo ve su propia imagen
y cuando ama,
¡ay!, cuando ama,

Narciso solo ama a Narciso
porque todo, en Narciso,
todo se reduce a él.

El río ahogará su beso reflejado
y esparcirá la tragedia de sus pétalos
marchitos,
hinchados,
flotando
como signos de exclamación
por que nadie en el mundo pueda
nunca
adorarlos tanto como él.

Lepidopterólogo

Caminabas por bosques nocturnos,
jardines, praderas,
cerca de las carreteras.

Coleccionabas alas
verde pistacho y rosa magenta,
cruzadas por rayas blancas,
traspasadas por líneas ondulantes
color negro.
De manchas naranjas
o azuladas con bordes grises,
o circulares
que simulaban ojos.

Y cuando ya habías pinchado
el exotismo, el deslumbramiento,
la delicadeza
de los cuerpos sutiles,
la belleza toda,
supiste que ninguna
de las alas más hermosas
podía hacerte volar.

No me quieras siempre así

No me quieras siempre así,
radiante, hermosa,
primavera que sube y que trepa,
que canta y encanta,
que lucha y que sueña.

No me quieras siempre así,
con un brillo
en los ojos constante
que amarra la vida,
que es sangre y jazmín.

Si soy otoño
y noche
y vela
y venas cansadas
y amargo jardín,

si soy una sombra,
un nido de polvo,
un pulso perdido,
un charco de tinta
que nunca escribí,

¿quién me quiere a mí?

Porque los muertos saben
que las flores secas
perfuman las tumbas
de los cementerios,
¡no me quieras siempre así!

Un hombre y una mujer nos separan

Un hombre y una mujer
nos separan.
Nos vestimos de ellos
para vernos
y, luego,
nos desnudamos.

Pero es suficiente un descuido,
unos pendientes,
cierto reloj,
una marca de carmín,
un ligero perfume
para perdernos el rastro
y extraviarnos.

En una sonrisa

Yo no quepo en otros ojos.
Los ojos cercan su espacio.
Yo no quepo en otras manos.
Las manos toman su mundo.
Yo no quepo en otros pies.
Los pies marcan sus senderos.
Yo no quepo en otro corazón.
El corazón golpea su ritmo.
En una sonrisa sí quepo,
sí quepo.
En una sonrisa cabe, incluso,
el universo entero.

No existen los besos

No existen los besos,
solo los labios, las lenguas.
No existen las caricias,
solo la piel, las manos.
No existen los abrazos,
solo los cuerpos, los brazos.
No existe el amor.
Solo tú, yo
y una intención en cada gesto.

Heterónimos

Me alegro
de que no seas yo,
de que ni siquiera yo
sea yo.

Me alegro
de no saber quién eres
ni quién soy yo
tampoco.

Me alegro de creerme,
cada día,
que soy otra
y que eres otro,
que no somos.

Y si una mañana despertase
y fuera la misma,
si llegases siendo
el de ayer,
no habría corazón
capaz de soportar
tanta certeza.

Por suerte,
no somos
más que el recuerdo difuso
de aquellos
que imaginamos ser.

Cupido

Salió fácil.
Un tirón enérgico
y se desprendió.
Sin testigos ni auxiliares.
Estaba sola.
Pero tiré con todo el cuerpo.
Con todo el cuerpo.

No sabía que tenía tanto cuerpo.
Uñas, dedos, manos, brazos, hombros,
pies, pantorrillas, muslos, glúteos,
abdomen, tórax, espalda,
cuello, cabeza, cara,
pelo.
También ayudó el pelo.

Preparé
vendas para taponar la hemorragia,
desinfectantes y cicatrizantes.
No hizo falta nada.
Lo palpé varias veces.
Estaba intacto.

Nunca sabré si fue un prodigio de la voluntad
o la flecha,
inexplicablemente,
jamás consiguió atravesar el corazón.

El que se enamora, pierde

¡Vamos a jugar a enamorarnos!
Pero solo así, jugar,
sin poner el corazón,
a ver qué pasa.
¡El que se enamora pierde!

Soplaremos el diente de león
de los sentimientos,
eso que ahora el mundo,
sin un rubor en el alma,
llama «emociones».

Soplaremos y soplaremos,
los dos a la vez,
a ver quién se cansa primero.
Pero sin enfadarnos, ¿eh?,
que solo es un juego.

¡Venga,
deshojemos pronto la margarita!
Me quiere.
No me quiere.
¡Me quiere!
¡No me quiere!

¿Me quiere?
¿No me quiere?

No.
No me quiere.
Pero el que se enamora
no pierde.
Siempre gana el amor.

Mirar a los ojos

¿Qué tendrán los ojos?
¿Qué tendrán los ojos
que nada hay
como una mirada?

Será la luz
que capturan del mundo
por verlo,
los colores del
misterioso iris,
el telón de pestañas
que enmarca su abismo
o la superficie suya
de lago en calma,
de brillos nocturnos,
de palabras no escritas.

Quien te mira a los ojos
posa en tus manos
algo más
que su mirada.

Yo tengo abiertos
dos cristales
y, en el fondo,
el alma.

Alcobas

En algunas alcobas
se citan los cuerpos
que se aman sin alma.
Ocultan sus ojos
para zafarse del yugo amoroso
y corren a despedirse
con el más ciego de los
«ya nos veremos».

Es posible el amor

Es posible que pienses que has amado,
si amar es el dolor profundo del anhelo,
el hueco por llenar de los ingenuos,
la imagen terca que del deseo huye.

Es posible que pienses que has amado,
y que de amor moriste,
si encendisteis la hoguera juntos de los días,
si la flor sembrasteis que da vida,
si inventasteis, por amar, palabras
todavía.

Pero no habrás amado,
es posible,
más que al aire,
en la tierra fría,
quemándote en tu sed de sueños,
no habrás amado
más que al amor
hasta que abras tu pecho
en la intemperie
y nada pueda quebrarlo,
ni el mismo amor.

La petite princesse

Antes de que el viento incline
cada esfuerzo por izar el tallo,
antes de que un solo pétalo
se aleje del sol,
antes de que todo invierno
le arranque un aroma
a la primavera,
sé exploradora de estrellas
y a tu pequeño planeta
sálvalo,
sálvalo.

Porque somos rosas
en campos de espinas
porque no aprendimos
a sembrar dolor,
porque somos muchas
las que transportamos
herida de muerte,
en el pecho,
una flor.

Asegúrate

Perdonar es aceptar
que te rompieron por accidente,
pero antes de romperte, asegúrate.

ÍNDICE

ESTE LIBRO
SE TERMINÓ DE IMPRIMIR
EN LOS TALLERES GRÁFICOS
DE INO REPRODUCCIONES
DE ZARAGOZA
UNA TARDE DE FEBRERO.
DE CAMINO,
LOS ALMENDROS EN FLOR NOS RECORDARON
QUE LA PRIMAVERA ESTABA CERCA
Y QUE, UNA VEZ MÁS,
NOS SALVARÍA…